NIVEAU
2

Un homme dans la nuit

Sylvie Poisson-Quinton

Édition : Brigitte Faucard
Illustrations : Odeka
Direction artistique audio : Anne-Sophie Lesplulier
Conception couverture et mise en page : Christian Blangez
Photo de couverture : Ph.© N. Hautemanière / SCOPE

1. Devinez...

a. Lisez les titres des chapitres. Est-ce qu'ils vous aident à deviner l'histoire ?

b. À votre avis, c'est...

une histoire policière. ☐

une histoire comique, amusante. ☐

une histoire d'amour entre un homme et une femme. ☐

une histoire d'amitié entre deux jeunes filles. ☐

2. Imaginez...

...l'histoire à partir du titre et de la photo de couverture.

3. Les illustrations.

Regardez rapidement les illustrations. Combien de personnages apparaissent ? Quel personnage apparaît souvent ? Décrivez-le.

4. Les lieux.

a. L'histoire se déroule dans les Pyrénées-Orientales. Ce département se situe :

dans le nord de la France ? ☐

près de Paris ? ☐

dans le sud-ouest de la France ? ☐

en Bretagne ? ☐

b. Cherchez, sur une carte de France, les villes de Perpignan et de Prades.

5. Les langues.

Dans les Pyrénées-Orientales, on parle français mais beaucoup de personnes parlent aussi une autre langue. Laquelle ?

l'italien ☐   le catalan ☐

l'espagnol ☐   le portugais ☐

Présentation

Nina :
elle habite à Lyon, elle fait des
études de journalisme.
Elle va passer ses vacances
chez sa grand-mère.

Mamine :
c'est la grand-mère de Nina.
Elle a ouvert un gîte rural
dans les Pyrénées.
Elle est originale et généreuse.

Monsieur Verdier :
c'est un client de Mamine.
Il ne parle pas beaucoup ;
il est un peu mystérieux.

Marie :
c'est une jeune fille
qui vit dans la montagne
avec d'autres jeunes. Elle
est très mince, pâle et fragile.

Chapitre 1

Arrivée au gîte

Lyon, le 25 juin

Ma chère Mamine,

Ça y est ! Je suis reçue à mon école de journalisme. J'ai fait la fête toute la nuit, d'abord avec papa et maman et après, avec mes copains.

C'est bien, non ? Deux cent trente candidats pour dix-huit places.

J'ai beaucoup travaillé et je suis très fatiguée ! J'ai besoin de me reposer.

Si tu es d'accord, j'ai l'intention de venir passer quinze jours chez toi.

Maman dit que ton gîte commence à bien fonctionner. Je peux t'aider à faire la cuisine (un peu !) et les courses.

Dis-moi s'il y a une chambre libre et quand je peux arriver. Moi, je suis libre quand tu veux.

Bisous,

Nina

un gîte rural : maison, appartement à la campagne, équipés pour recevoir des personnes en vacances pendant une courte période de temps.

être reçu à (un examen) : avoir réussi, avoir obtenu un bon résultat à un examen.

le journalisme : profession de journaliste (personne qui collabore à la rédaction d'un journal, d'une revue...).

faire la fête : s'amuser avec des amis, célébrer quelque chose.

dix-huit places : ici, cela signifie qu'il y a seulement 18 candidats à l'examen qui peuvent entrer à l'école de journalisme = les meilleurs.

faire les courses : acheter ce qui est nécessaire pour la vie de tous les jours (aliments...).

ÉCOLE SUPÉRIEURE DE JOURNALISME
Liste des admis (groupe AB)

Aberman Louis	Lemercier Nina
Brun Philippe	Mandrin Héloïse
Butel Anne-Laure	Martinez Inès
Croisille Alexandre	Pierron Laurent
Dreux Sonia	Rastier Karen
Finkel Pierre-Henri	Solignac Gregory
Hamrouche Ali-Reza	Sureau Magali
Kellerman Isabelle	Vacher Anne-Sophie
Lantier Paul	Wagner Claus

ninalemercier@noos.fr
à elisecharlier@hotmail.com

Ça y est, je suis reçue ! Je suis hyper-fatiguée. Je vais me reposer deux semaines dans les Pyrénées. Ma grand-mère a ouvert un gîte rural dans un village de montagne, près de Prades. Elle est là-bas depuis quatre mois ; en quatre mois, elle a tout refait toute seule ! Tout ! les peintures, la décoration...

Ma grand-mère a un sacré caractère. Pas question de la contrarier, sinon elle explose ! Un vrai volcan ! Je l'adore. Elle est merveilleuse ! Je suis très heureuse de passer quelques jours avec elle, son énergie est vraiment contagieuse !

Bon, allez, ciao.

Bisous

Nina

---

depuis : à partir de (date ou lieu).
refaire : ici, réhabiliter, restaurer une maison en mauvais état.
un sacré caractère (fam.) : caractère fort.
exploser (fam.) : parler avec véhémence, parce qu'on est fâché, contrarié.

*Il y a une belle chambre pour
toi, écrit Mamine.*

Eus, 28 juin

Ma petite chérie, bravo pour ton concours. Viens vite ! Je t'attends. Il y a une belle chambre pour toi. Regarde sur la photo, j'ai fait une croix sur la fenêtre. En ce moment, j'ai un seul client, un vieux bougon qui n'ouvre pas la bouche et mange comme un oiseau ! Appelle-moi pour me dire quand tu arrives à Perpignan. J'irai te chercher et on ira faire des courses.

Je t'embrasse, ma puce

Mamine

---

un concours : examen, épreuve où le nombre de candidats reçus est limité.
un (homme) bougon : personne qui est souvent de mauvaise humeur, peu agréable.
embrasser : effusion, geste pour montrer son affection, amour à un(e) ami(e), à son un(e) amoureux(euse), à sa famille.
ma puce : expression affectueuse (= ma chérie).

* * *

Nous sommes le 2 juillet. Nina est partie de Lyon ce matin en train. Elle regarde le paysage par la fenêtre. C'est magnifique ! les montagnes sont presque roses et le ciel, très bleu. Nina respire profondément ; elle est heureuse : fini les concours, enfin les vacances ! Bientôt, elle sera à Perpignan ! Elle ne connaît pas Eus, où sa grand-mère habite maintenant. Quand Mamine s'est installée là-bas, tout le monde a proposé de l'aider pour les travaux mais elle n'a pas voulu. « Je n'ai besoin de personne » : c'est sa devise.

Perpignan. Sur le quai, il y a beaucoup de gens. Nina voit Mamine qui fait de grands signes ! Aïe ! Elle a les cheveux rouges, un tee-shirt vert pomme avec des taches de peinture et un jean noir. Pas très discrète ! Mais elle a l'air si heureuse que Nina a envie de l'embrasser.

– Ma Ninoutchka ! Enfin ! Ne regarde pas les taches, j'ai peint la porte du jardin ce matin. Tu verras, c'est magnifique ! Comment tu trouves mes cheveux ? C'est plus gai, non ?

– C'est original, répond Nina sans grand enthousiasme.

– Bon ! On y va ! Il faut faire des courses avant de rentrer.

presque : quasiment.
les travaux : ici, les réparations, les peintures...
une devise : courte phrase qui exprime un idéal, un sentiment, une pensée.
un quai (de gare) : sorte de plate-forme pour la circulation des voyageurs : de là ils montent dans le train.
une tache : marque. *Tu as une tache de sauce tomate sur ton pull !*
avoir l'air : paraître.
si : marque l'intensité ; tellement, à un tel degré.
gai : ici, amusant ; contraire de *triste*.

– Avant, Perpignan était une ville importante en Catalogne, dit Mamine.

Et Mamine, énergique comme toujours, se dirige vers la sortie. Nina la suit.

– Dis, Mamine, on passe par le Castillet…

– D'accord, comme tu veux…

La voiture de Mamine est jaune vif ; c'est une ancienne voiture de la Poste, très pratique mais… très très jaune !

– Eh bien, le voilà ton Castillet. Et la rivière, là, derrière, c'est la Têt ; on va la longer pour aller à la maison. Regarde, devant toi, c'est le Palais des rois de Majorque. Avant, Perpignan était une ville importante en Catalogne, tu sais. Bon, il faut penser aux courses.

À l'hypermarché, Mamine fait « les grandes courses » : des surgelés, des pâtes, du riz, de l'eau minérale, du vin…

suivre quelqu'un : marcher derrière lui.
le Castillet : monument de la ville de Perpignan ; porte de la ville.
vif : ici, intense.
la Poste : service public chargé de distribuer le courrier.
longer : aller le long de, suivre le bord de.
les surgelés : aliments congelés rapidement, à très basse température.

Elle achète aussi une grande couverture.

– Une couverture ? Mais il fait chaud.

– Oui, mais j'ai lavé trois couvertures ce matin et elles ne seront pas sèches ce soir. Et le soir, il ne fait pas très chaud.

La route jusqu'au village est très jolie ; elle longe en effet la rivière et, à droite et à gauche, il y a des milliers de pêchers et d'abricotiers pleins de fruits bien mûrs.

– C'est le paradis, ta Catalogne, Mamine.

– Regarde, à gauche. C'est le Canigou, la plus haute montagne de la région. De l'autre côté, c'est l'Espagne.

– C'est magnifique !

– C'est vrai..., répond Mamine puis, l'air sérieux, elle ajoute : tu sais, je pense qu'il y a des immigrés clandestins qui passent la frontière par là...

Elles traversent la rivière, arrivent au village et enfin à la maison. Elle est très jolie avec ses volets verts. Dans le jardin, trois couvertures -une bleue, une blanche, une rouge- flottent au vent comme un grand drapeau.

– Elles sont humides, dit Mamine. Je les laisse ici cette nuit. Viens, je vais te montrer ta chambre.

La chambre est au dernier étage. Elle est très agréable et donne sur la montagne.

---

une couverture : pièce de laine qu'on met sur un lit pour avoir chaud.

un pêcher : arbre qui donne des pêches, fruits d'été à la chair fine (pêche blanche, jaune...).

un abricotier : arbre qui donne des abricots, fruits d'été à la chair et à la peau jaune orangé.

mûr : pour un fruit, qui est bon à être consommé.

un paradis : lieu très agréable, merveilleux.

un volet : panneau de bois ou de métal qui protège une fenêtre ; persienne.

donner sur : de la chambre, on peut voir la montagne.

1. Vrai ou faux ? V F

a. Nina a été admise à l'école de journalisme. ☐ ☐
b. Elle est en pleine forme. ☐ ☐
c. Elle décide d'aller se reposer en Bretagne, chez sa sœur. ☐ ☐
d. Sa grand-mère a ouvert un gîte rural en Catalogne. ☐ ☐
e. Mamine vit là-bas depuis quatre ans. ☐ ☐

2. Entourez la bonne réponse.
a. Nina va à Perpignan *en train – en avion.*
b. Mamine habite *à Perpignan – à Eus.*
c. Nina trouve la région *magnifique – sans grand intérêt.*
d. Actuellement, Mamine a *un seul client – trois clients.*

3. Entourez les adjectifs qui correspondent au caractère de Mamine.

originale – discrète – timide – énergique – obstinée

4. Entourez la bonne réponse. Dans la région où habite Mamine, on cultive :

du thé – des arbres fruitiers – des céréales – du cacao

5. Cochez.
Qu'est-ce que Mamine achète à l'hypermarché ?

a. du riz ☐
b. des fruits ☐
c. des surgelés ☐
d. des serviettes de toilette ☐
e. de l'eau minérale ☐
f. une couverture ☐

Mamine prépare des boulettes à la catalane.

Chapitre 2

Un vol mystérieux

Nina s'installe dans sa chambre puis elle aide sa grand-mère à préparer le dîner.

Ce soir, ils seront trois à table : elles deux et « le vieux bougon » -comme dit Mamine- ; il part le 15 juillet. La semaine prochaine, une famille hollandaise va arriver : le père, la mère et leurs trois enfants. La maison sera pleine !

Mamine prépare des boulettes à la catalane : de la viande, des lardons, des tomates, un poivron vert, un poivron rouge, un oignon…

– Tu mets de l'ail ? demande Nina.

– Oui et aussi un peu de vin blanc. Tu verras, avec une bonne purée de pommes de terre, c'est délicieux.

– Qu'est-ce que je peux faire ?

– Lave la salade, s'il te plaît. Comme entrée, j'ai fait un gazpacho. On va dîner dehors, ce soir.

---

une boulette : petite boule préparée avec de la viande et d'autres ingrédients.

des lardons : bacon coupé en petits morceaux.

un poivron : légume d'été vert, rouge ou jaune.

l'ail : plante à odeur forte et au goût piquant ; ingrédient principal de l'*ailloli*.

un gazpacho : soupe froide d'origine espagnole à base de tomates et de concombres.

dehors : à l'extérieur ; contraire de *dedans* = à l'intérieur.

Il est presque huit heures et, dans le jardin, il fait encore chaud. Au loin, le Canigou est rose. Nina met la table et regarde, émerveillée, le paysage.

On entend des pas dans l'escalier. Attention, « le vieux bougon » arrive ! Quand elle le voit, Nina a envie de rire. Mamine exagère ! Il n'est pas très vieux, soixante ans, pas plus ; il n'a pas l'air désagréable mais il paraît un peu mystérieux. Il a des yeux très bleus.

– Monsieur Verdier. Ma petite-fille, Nina.

Il s'incline poliment sans un sourire et se met à table, sans un mot. Heureusement, Mamine parle pour lui !

Le dîner est succulent. En dessert, Mamine sert des pêches délicieuses.

– C'est un cadeau de la voisine. Ils ont des vergers là, juste en face. Tu la verras demain, elle passe tous les matins me faire un bout de conversation.

Après le dîner, Nina aide sa grand-mère à faire la vaisselle et monsieur Verdier va faire une petite promenade.

– Mamine, n'oublie pas les couvertures !

– Je m'en occupe demain. Tu sais, il n'y a pas de voleurs par ici ! Va vite te coucher, tu es fatiguée.

* * *

Le matin suivant, un grand cri réveille Nina. C'est Mamine.

---

poliment : avec courtoisie, avec éducation.
un verger : jardin planté d'arbres fruitiers.
faire un bout de conversation (fam.) : faire une petite conversation.
un voleur : personne qui prend ce qui appartient à quelqu'un, contre sa volonté = voler. L'action de voler quelque chose, c'est le vol.

– Des voleurs ici, c'est la fin du monde ! s'exclame Mamine.

– Nina, Nina, viens voir ça ! Descends vite !

Nina descend et trouve sa grand-mère dans un état indescriptible ! Elle paraît furieuse.

– Bonjour, Mamine. Qu'est-ce qui se passe ?

– Regarde ! Ma couverture rouge n'est pas là. Quelqu'un l'a volée. Elle n'est pas neuve mais c'est la plus chaude et la plus grande.

– Je suis sûre qu'elle est tombée. Je vais voir.

– Inutile ! J'ai cherché partout ! C'est incroyable !!! des voleurs ici, c'est la fin du monde ! Ah, voilà madame Brantès.

C'est la voisine. Elle apporte un pot de confiture d'abricots.

– Bonjour, Hélène. Qu'est-ce qui se passe ? Vous en faites une tête !

– On m'a volé une grande couverture cette nuit. Des

---

partout : dans tous les lieux possibles.
Vous en faites une tête (fam.) : vous avez un air étrange, pas comme d'habitude.

voleurs ici, à Eus ! Impossible ! Je ne peux pas le croire ! Entrez. Venez prendre un café. Voilà ma petite-fille, Nina.

– Bonjour, Nina.

La voisine entre dans la cuisine et dit à voix basse :

– Vous savez, moi, je pense que ce sont les hippies qui vivent là-haut. Ils sont bizarres, ces jeunes... En plus, ils ne sont pas d'ici. Pourquoi vous n'allez pas à la police ? Ça commence par une couverture et on ne sait pas comment ça finit.

Mamine n'a pas l'air d'accord. Elle dit seulement :

– Merci pour la confiture, Odile. C'est très gentil !

La voisine s'en va. Nina demande à sa grand-mère :

– Il y a des hippies par ici ?

– Odile les appelle comme ça. Ce sont des jeunes. Ils vivent là-haut, dans la montagne, dans une vieille ferme et ils élèvent des chèvres. Tu les verras mardi, au marché. Ils descendent à Prades pour vendre leurs fromages.

– Tu crois qu'ils ont pris ta couverture ?

– Non, je ne crois pas. De temps en temps, je parle avec eux. Ils sont sympathiques.

* * *

Pendant le déjeuner, Nina et sa grand-mère parlent de nouveau du vol.

– Tu vas aller à la police, Mamine ?

> bizarre : étrange.
> gentil : aimable, sympathique.
> une ferme : ensemble formé par les terres et la maison d'un agriculteur.
> élever (des animaux) : donner à manger et s'occuper (d'animaux).
> une chèvre : animal qui vit dans une ferme ou dans les montagnes. Elle a des cornes et peut sauter. On fait du fromage avec son lait.

Nina observe l'homme. Il est mal à l'aise.

Monsieur Verdier qui, aujourd'hui, déjeune avec elles, demande :

– Qu'est-ce qui s'est passé ?

Mamine lui raconte l'histoire. Elle explique que la voisine soupçonne les « hippies » qui vivent dans la montagne.

Brusquement, monsieur Verdier change d'expression. Il a l'air préoccupé... il demande, d'un ton sec et un peu dur :

– Mais vous n'avez vu personne ! Vous irez à la police ?

Mamine répond :

– Non. Je ne veux pas accuser quelqu'un sans preuve.

Nina observe l'homme. Il est mal à l'aise, un peu agité... Bizarre ! Hier, elle l'a trouvé vraiment calme....

---

soupçonner : suspecter ; penser que quelqu'un a fait une mauvaise action mais sans pouvoir l'affirmer à cent pour cent.

une preuve : élément objectif qui montre qu'une chose est vraie.

être mal à l'aise : être un peu troublé, perturbé.

calme : tranquille.

1. Vrai ou faux ?

			V	F
a.	Nina aide sa grand-mère à préparer le dîner.		☐	☐
b.	Mamine prépare un plat catalan.		☐	☐
c.	Elle invite la voisine à dîner.		☐	☐
d.	Nina trouve le client de Mamine assez agréable.		☐	☐
e.	Pendant le dîner, l'homme parle beaucoup.		☐	☐

2. Cochez les bonnes réponses.

Pour dîner, il y a :

a. une soupe ☐
b. du poisson ☐
c. des pâtes ☐
d. de la viande ☐
e. un gâteau ☐
f. des fruits ☐

3. Entourez la bonne réponse.

a. Le jour suivant, Nina est réveillée par *la pluie – un cri de sa grand-mère*.

b. Pendant la nuit, quelqu'un a volé *une couverture – des fruits*.

c. Mamine est *déconcertée – furieuse*.

d. Elle *raconte – ne parle pas de* l'incident à la voisine.

4. Cochez les phrases correctes.

a. La voisine dit que les coupables du vol sont les hippies. ☐
b. Mamine est d'accord avec elle. ☐
c. Elle veut aller voir la police. ☐
d. Elle parle aimablement des hippies. ☐

5. Entourez les bonnes réponses.

Quelle est la réaction de monsieur Verdier quand il découvre le vol de la couverture ? Il est...

tranquille – perturbé – sec – indifférent – préoccupé

Chapitre 3

Jour de marché à Prades

Aujourd'hui, mardi, c'est le jour du marché à Prades. Pour les habitants des villages de la région, c'est l'occasion de vendre ou d'acheter des produits. Mais c'est aussi le plaisir de retrouver des amis, de bavarder et de prendre un verre à la terrasse d'un café.

Mamine et Nina partent tôt ce matin ; elles ont beaucoup de choses à faire. Il fait un temps magnifique, le ciel est bleu et un beau soleil brille.

Quand elles arrivent au marché, qui est installé sur la place centrale de Prades, il y a beaucoup de monde.

Mamine est très heureuse de présenter sa jolie petite-fille à ses amis.

Nina, qui adore les marchés, va faire un petit tour. Elle s'arrête chez un vendeur de miel et achète un pot, passe devant chez un charcutier... Hum, c'est appétissant, tout ça ! Selon Mamine, la charcuterie catalane est la meilleure du monde ! Elle achète ensuite un joli panier et des olives.

bavarder : parler tranquillement.
prendre un verre : boire quelque chose.
faire un tour : faire une promenade.
un panier : objet (en osier, jonc, bambou...) qui sert à transporter des marchandises : légumes, œufs... quand on va au marché, par exemple.

Elle va retrouver Mamine qui, elle, a pris des fruits, toutes sortes de légumes et d'autres produits. Nina l'aide à porter ses paniers jusqu'à la voiture puis elle revient un moment sur la place pour prendre des photos.

Soudain, elle voit trois personnes un peu étranges, deux garçons et une fille. L'un des garçons a les cheveux longs et une barbe. L'autre est plus vieux, il est chauve et il est habillé en noir. La jeune fille est très jolie. Elle est blonde, très mince et pâle. Elle porte une longue jupe. Ils s'approchent d'une fille qui porte elle aussi une longue jupe et un tee-shirt. Elle est brune, bronzée, souriante. Devant elle, il y a des petits fromages de chèvre et des gâteaux au miel.

Nina devine que ce sont les « hippies » qui vivent là-haut, dans la montagne. Elle les observe discrètement et se demande, sceptique : « Ce sont vraiment eux les voleurs de la couverture rouge... ? »

Elle s'approche et achète deux petits fromages de chèvre. La vendeuse, avec un grand sourire, lui offre un petit gâteau. L'autre jeune fille est contre un arbre. Elle a l'air malade.

Nina lui demande :

– Ça ne va pas ? Je peux vous aider ? Vous voulez vous asseoir ?

La jeune fille ne répond pas. Elle a fermé les yeux. À ce moment-là, les deux garçons s'approchent. Le plus jeune explique :

des légumes : la salade, les pommes de terre, les tomates... sont des légumes.
chauve : qui n'a pas de cheveux.
pâle : très blanc.
s'approcher de : venir près de (quelqu'un).

– Ça ne va pas ? Je peux vous aider ? demande Nina.

– Merci. Ne vous inquiétez pas. Elle n'a pas déjeuné, c'est tout. Viens, Marie. On va boire quelque chose.

Il la prend par le bras, très doucement, et ils partent.

Nina fait des photos du marché, de la fontaine, de l'église et des grands arbres de la place.

Il est presque midi. Sa grand-mère l'attend dans la voiture. Elle doit se dépêcher. Au moment où elle passe devant la terrasse du Café des Amis, elle voit les trois « hippies », assis à une table. Elle leur fait un petit signe de la main.

Soudain, elle s'arrête. À une autre table, un peu plus loin, elle voit monsieur Verdier. Caché derrière un journal, il a

---

s'inquiéter : se préoccuper.
doucement : lentement, sans violence.
se dépêcher : aller vite, se presser.
cacher : dissimuler.

l'air de lire mais, en réalité, il observe attentivement les jeunes « hippies ».

« Bizarre..., se dit Nina. Il les surveille ou quoi ? Il les connaît ? Il pense que ce sont les voleurs ? non... ! »

Les jeunes parlent tranquillement. De toute évidence, ils ne voient pas ce qui se passe. La jeune fille est moins pâle. Elle sourit au garçon aux cheveux longs.

Nina va vite retrouver sa grand-mère

* * *

À la maison, Nina aide sa grand-mère à tout ranger et à préparer le déjeuner.

– Tu sais, ma chérie, dit Mamine, les jours de marché, je ne fais pas de cuisine ; on mange de la charcuterie, une grande salade, du fromage et des fruits, c'est tout !

– Je prépare la salade.

– D'accord, mets des tomates, des olives noires, des œufs durs... Nous sommes deux seulement. Normalement, à midi, monsieur Verdier déjeune en ville.

Après le repas, Mamine repasse dans la cuisine et Nina s'installe dans le jardin avec un livre.

– Nina, appelle Mamine, tu peux porter ces serviettes de toilette dans la chambre de monsieur Verdier, s'il te plaît ?

---

surveiller : ici, contrôler les actions de quelqu'un.

retrouver : ici, aller où est sa grand-mère.

ranger : mettre chaque chose à sa place.

repasser (des vêtements) : rendre lisse et net un vêtement avec un instrument électrique : le fer à repasser.

une serviette de toilette : pièce de tissu qu'on utilise après la douche pour se sécher.

Un homme, une femme et un enfant sont sur un bateau à voile.

Nina prend les serviettes et monte au premier étage. La chambre de monsieur Verdier est impeccable. Nina sait qu'il a insisté pour faire son lit lui-même tous les matins. Mamine passe uniquement l'aspirateur, une fois par jour.

Nina regarde autour d'elle. Sur la table de nuit, il y a un livre et un cadre avec une photo. Curieuse, la jeune fille s'approche et la regarde.

Un homme, une femme et un enfant sont sur un bateau à voile. C'est l'été et le paysage est méditerranéen.

L'homme, c'est monsieur Verdier. Mais il est beaucoup plus jeune qu'aujourd'hui. Il sourit.

---

un cadre : objet carré ou rectangulaire où on met une photo, une peinture.

La femme, debout à l'avant du voilier, est très belle ; elle rit.

La petite fille a environ dix ans, elle est très blonde et très menue.

« Apparemment, cette photo représente les jours heureux », se dit Nina.

Elle regarde la photo plus attentivement. Le visage de la petite fille lui rappelle quelqu'un, qui ?

– Mon Dieu ! La fille du marché ! s'exclame-t-elle.

Quelle relation a cette enfant avec monsieur Verdier ?

Nina décide de ne rien dire à sa grand-mère et de mener sa propre enquête. C'est une future journaliste, non ?

---

l'avant (d'un bateau) : partie qui se trouve devant.

environ : plus ou moins, approximativement.

menu : mince, fragile.

le visage : partie avant de la tête de l'homme où se trouvent les yeux, le nez, la bouche...

mener sa propre enquête : ici, chercher des informations, découvrir seul(e) l'histoire de la petite fille.

1. Cochez la(es) bonne(s) réponse(s).

Le marché de Prades a lieu....

a. le mardi ☐ **c.** un mardi par mois ☐

b. tous les mardis ☐ **d.** une fois par semaine ☐

2. Entourez les bonnes réponses.

Qu'est-ce que Nina achète au marché ?

du miel – du pain – un panier – un poulet –
de la charcuterie – des olives

3. Entourez les adjectifs qui correspondent à la description de Marie.

brune – bronzée – maigre – pâle – grande – blonde

4. Entourez les bonnes réponses.

a. Au marché, Marie est *seule – avec des amis.*

b. Elle est très pâle *parce qu'il fait très chaud – parce qu'elle n'a pas mangé.*

c. Nina lui parle ; la jeune fille *lui répond – ne lui répond pas.*

d. Nina découvre que *madame Brantès – monsieur Verdier* observe discrètement les hippies.

5. Cochez la bonne réponse.

Dans la chambre de monsieur Verdier, Nina trouve :

a. un dossier sur Marie. ☐ **b.** une photo intéressante. ☐

6. À votre avis, qui est Marie ?

....

« *Cet endroit est vraiment un petit paradis !* », se dit Nina.

Chapitre 4

Mais qui sont les voleurs ?

Le soir, pendant le dîner, Nina décide de commencer son enquête. Elle déclare, d'un air innocent :

– Ici, c'est merveilleux mais la mer est un peu loin. C'est dommage ! J'adore nager, faire du bateau... et vous ?

Elle a posé cette question à monsieur Verdier qui ne répond pas. Mais Nina est obstinée. Elle oriente la conversation sur Prades et son marché. Elle dit à sa grand-mère :

– Oh, Mamine, je ne t'ai pas raconté ! Ce matin, au marché, j'ai vu les hippies qui habitent dans la montagne. Ils ont l'air sympas. Il y a une jolie fille blonde…

Elle observe discrètement monsieur Verdier : il est un peu plus pâle mais il ne dit rien.

Après le dîner, il fait encore jour et la température est agréable. Nina va faire une petite promenade jusqu'à la rivière. Elle traverse les vergers, prend une pêche bien mûre et la mange avec délice. Elle entend le murmure de l'eau. « Cet endroit est vraiment un petit paradis ! », se dit-elle de nouveau.

C'est dommage ! : c'est un problème, un inconvénient !
un endroit : lieu.

Il fait presque nuit quand elle revient au gîte. Au premier étage, elle aperçoit une ombre derrière la fenêtre. C'est la chambre de monsieur Verdier. Il attend quelque chose ? Il surveille ?

La jeune fille rentre dans la maison, intriguée.

* * *

Le jour suivant, quand Nina descend à la cuisine, madame Brantès, la voisine, est là ; elle est très en colère. Cette nuit, on lui a volé la moitié d'une caisse d'abricots, au moins deux kilos, et un beau fromage de chèvre.

– Les voleurs sont entrés dans la maison ?

– Non, c'était dehors. Mais dehors ou dedans, c'est du vol. Je suis sûre que ce sont les hippies. Votre couverture, mes abricots, mon beau fromage de chèvre... Vous verrez, un jour, ils vont nous assassiner.

Mamine essaie de la calmer mais en vain. Dramatiquement, madame Brantès déclare :

– Vous connaissez le proverbe : « Qui vole un œuf vole un bœuf ».

Mamine rit et dit :

– Personne n'a volé d'œuf et il n'y a pas un seul bœuf dans le village.

La voisine lui répond, d'un ton très irrité :

---

une ombre : silhouette dans l'obscurité.
être en colère : être fâché, irrité.
une caisse : grande boîte (en bois, en plastique) qui sert à transporter des produits (fruits, légumes...).
calmer : tranquilliser.
un bœuf : taureau qui ne peut pas se reproduire et qui est destiné à la viande de boucherie.

– Vous exagérez, Odile, dit Mamine.

– Ne riez pas ! C'est sérieux ! Il faut absolument se débarrasser de ces hippies.

Monsieur Verdier entre alors dans la cuisine. Il a entendu la dernière phrase de madame Brantès et il la regarde d'un air dur. Mais il ne dit rien et monte dans sa chambre.

– Il est bizarre, votre client ! dit la voisine. Vous savez d'où il vient ? Qu'est-ce qu'il fait dans la vie ? Il cache quelque chose, c'est sûr !

Mamine rit de nouveau.

– D'abord les hippies, et maintenant mon pauvre client ! Vous exagérez, Odile. Il est parisien et je ne sais pas ce qu'il fait et je ne veux pas le savoir.

La voisine s'en va et Mamine explique à Nina :

▨ se débarrasser de (quelqu'un) : expulser, faire partir.

– Tu sais, elle crie, elle crie, mais elle est très sympathique, dans le fond !

* * *

Ce soir-là, après dîner, Nina monte lire dans sa chambre. Puis elle se couche, éteint la lumière et essaie de dormir. En vain. Elle pense aux incidents récents : les vols, le marché de Prades et les « hippies », les accusations de la voisine, l'attitude étrange de monsieur Verdier, et surtout la photo dans sa chambre !

L'enfant de la photo et la jeune fille du marché se ressemblent beaucoup. Qui est cette jeune fille ? Et pourquoi monsieur Verdier observe-t-il ces jeunes hippies ? Pourquoi il a cet air inquiet, parfois, et mystérieux ?

Nina se pose beaucoup de questions ! Impossible de fermer l'œil !

Soudain, elle entend un léger bruit dans l'escalier. Qui est-ce ? Elle se lève et écoute. En bas, quelqu'un a ouvert la porte d'entrée, silencieusement.

Nina regarde par la fenêtre. Un homme traverse le jardin et se dirige vers la montagne. C'est monsieur Verdier ! Nina regarde sa montre : deux heures du matin. « Qu'est-ce qu'il fait dehors à cette heure-là ? Il souffre d'insomnie ? Il connaît les voleurs ?... Ma petite Nina, il est temps d'agir ! »

éteindre : cesser de faire fonctionner la lumière ; contraire d'*allumer*.
se ressembler : avoir un aspect physique très similaire.
parfois : de temps en temps.
fermer l'œil : dormir.
agir : faire quelque chose.

« Qu'est-ce qu'il fait dehors à cette heure-là ? »

Elle met rapidement un jean et une chemise, ses sandales, et elle sort de la maison. Elle a décidé de le suivre. Elle marche vite car elle a peur de perdre sa piste.

« Zut !, pense-t-elle, j'ai oublié de prendre une lampe électrique ! » Heureusement, il y a un beau clair de lune, cette nuit, et Nina voit bientôt l'homme. Il passe devant l'église Saint-Vincent, tourne à droite et prend le chemin du vieux château... enfin des ruines du vieux château... « Mamine dit que le paysage est magnifique de là-haut... j'ai l'impression que je vais découvrir des choses intéressantes... »

zut ! (fam.) : interjection qui exprime la contrariété.
un clair de lune : lumière que la Lune envoie sur la Terre, la nuit, quand elle brille.

1. Corrigez l'erreur qui se trouve dans ce texte.

« Après dîner, Nina est allée faire un tour près de la rivière. Quand elle rentre à la maison, elle voit monsieur Verdier debout dans le jardin. »

2. Cochez.

À madame Brantès, quelqu'un a volé...

a. des pêches, des abricots et un poulet. ☐

b. des abricots, des tomates et des œufs. ☐

c. deux kilos d'abricots et un beau fromage. ☐

3. Cochez la bonne réponse.

a. Pourquoi Nina ne peut pas dormir ?

1. Parce qu'elle ne supporte pas
la musique qui vient du village. ☐

2. Parce qu'elle se pose beaucoup
de questions sur ce qui s'est passé. ☐

3. Parce qu'elle a peur des voleurs. ☐

b. Elle entend un bruit dans la maison. C'est...

1. sa grand-mère qui est malade. ☐

2. le voleur qui est entré dans la cuisine. ☐

3. le voisin qui descend l'escalier. ☐

c. Qu'est-ce que Nina va faire ?

1. Réveiller sa grand-mère. ☐

2. Suivre le voisin. ☐

3. Appeler la police. ☐

4. Trouvez, dans le texte, une expression qui signifie :

On commence par voler une petite chose et ensuite on vole des choses plus importantes : ....

....

Expédition nocturne

La côte est dure. Monsieur Verdier monte toujours. Il est sportif, « le vieux bougon » ! Nina le suit prudemment.

Soudain, il s'arrête et reste un moment immobile contre un gros rocher. Nina s'arrête aussi ; son cœur bat fort. Elle l'observe. Elle a l'impression qu'il veut se cacher. Pourquoi ? Lui aussi, il suit quelqu'un ? Les jeunes hippies ? Il a entendu quelque chose ? Il l'a peut-être entendue, elle, Nina ! Non. Il n'a pas regardé derrière lui.

Deux minutes plus tard, il se met de nouveau en route. Le chemin monte toujours. Monsieur Verdier est infatigable ! Nina le suit toujours. Elle pense que ses sandales ne sont vraiment pas idéales pour cette expédition dans la montagne.

Ils approchent des ruines. Au clair de la lune, elles paraissent menaçantes ; Nina pense soudain que cette poursuite en pleine nuit est une imprudence, une folie.

---

toujours : ici, indique qu'une action, un état continue ; encore.
une côte : route, chemin qui monte.
prudemment : avec prudence, précaution.
un rocher : grand bloc de pierre.
battre : palpiter.
menaçant : qui paraît une menace, qui fait peur.
une poursuite : action de suivre quelqu'un.
une folie : ici, acte extrêmement imprudent.

Monsieur Verdier arrive aux ruines ; il s'arrête, hésite puis continue. Nina est toujours derrière lui. Le chemin est plus difficile, plus étroit.

Un nuage cache soudain la lune. Nina ne voit plus le chemin. Elle fait tomber une pierre. Elle a l'impression que le bruit est énorme ! Non ! La silhouette devant elle monte toujours, l'homme n'a rien entendu. Ouf !

De nouveau, le clair de lune.

Nina aperçoit alors une cabane en pierres, au loin. Sans doute un ancien abri pour les bergers en cas de pluie.

L'homme s'approche de la cabane ; à nouveau, il paraît hésiter. Il reste un moment immobile, près d'un arbre, à quelques mètres de la cabane. Nina s'est arrêtée aussi et attend.

Que se passe-t-il ? Elle distingue alors une petite lumière dans la cabane. Il y a quelqu'un à l'intérieur ! Nina ne s'est pas trompée : monsieur Verdier a en effet suivi quelqu'un depuis le village. Mais qui ? et pourquoi ?

Monsieur Verdier se décide enfin. Il se dirige vers la cabane et entre brusquement à l'intérieur. Nina entend des exclamations puis une conversation. Elle est loin et comprend mal. Elle s'approche alors lentement. Elle contourne la cabane sans faire de bruit. Elle cherche une

---

hésiter : ne pas se décider à faire quelque chose.

ouf ! : interjection qui veut dire qu'on est tranquillisé après un moment de peur.

un abri : lieu où on se protège de la pluie...

un berger : personne qui garde les moutons, les chèvres dans les champs.

se tromper : commettre une erreur (ici, de jugement, d'analyse).

contourner : passer, marcher autour de (la cabane).

*Sans bruit et avec effort, la jeune fille met la pierre
contre le mur de la cabane.*

ouverture pour voir et entendre ce qui se passe à
l'intérieur. Elle éprouve à la fois une grande curiosité et un
peu d'angoisse.

Elle trouve enfin une ouverture mais elle est haute ; elle
cherche quelque chose pour monter dessus ; elle voit une
grosse pierre. « Parfait ! pense-t-elle. Avec cette pierre, ça
ira ! »

Mais la pierre est lourde et Nina est fatiguée. Sans bruit
et avec effort, la jeune fille la met contre le mur de la
cabane.

une ouverture : espace ouvert dans un mur, une paroi (ce qui permet
d'entendre, de voir...).
éprouver : avoir, ressentir (un sentiment, une sensation).
l'angoisse : grosse préoccupation, peur intense.
dessus : sur (la pierre).
lourd : qui est difficile à porter à cause du poids.

Ça y est !

Elle monte sur la pierre. Dans une minute, elle va enfin tout savoir !!!

Brusquement, elle glisse ! Maudites sandales !

Elle pousse un cri et tombe.

∗ ∗ ∗

Nina ouvre les yeux. Où est-elle ? Elle sent une violente douleur à la cheville. Un homme est penché sur elle. Monsieur Verdier !

– Nina ! Enfin, vous vous réveillez ! J'ai eu peur. Comment vous sentez-vous ?

– Ça va. Mais j'ai mal, là, dit Nina d'une petite voix.

Elle montre sa cheville.

– Ne vous inquiétez pas. Elle n'est pas cassée ! C'est très douloureux mais pas grave. Mais qu'est-ce que vous faites là, en pleine nuit ?

Nina ne répond pas ; elle essaie de se mettre debout. Impossible !

Brusquement, elle se sent fragile... désemparée ; elle connaît très peu cet homme... il est mystérieux... et peut-être dangereux... Elle veut partir. Mais comment ? Elle ne

---

glisser : se déplacer d'un mouvement continu sur une surface lisse, patiner, perdre l'équilibre.

maudites sandales ! (fam.) : horribles, abominables sandales !

la cheville : articulation située entre le pied et la jambe.

se pencher : s'incliner.

désemparé : perdu, qui ne sait pas quoi faire.

dangereux : qui représente un danger, qui peut être une menace pour la vie de quelqu'un.

– Calme-toi, petite ! Je suis médecin, dit monsieur Verdier.

peut pas marcher ! Elle pense à sa grand-mère qui va se réveiller, ne pas la trouver dans sa chambre, s'inquiéter... Elle commence à pleurer.

– Calme-toi, petite ! Je suis médecin. Tout ira bien !

Monsieur Verdier lui parle d'une voix ferme mais tranquille et il la tutoie ; elle ne sait pas pourquoi, mais elle se sent soudain rassurée : il va l'aider.

Nina entend alors un bruit au fond de la cabane, derrière elle.

---

tutoyer : utiliser « tu » pour parler à quelqu'un et pas « vous ». Signe de familiarité et d'affection.

se sentir rassuré : se sentir tranquille après un moment de peur, de préoccupation.

1. **Mettez les phrases dans l'ordre.**
a. Nina fait tomber une pierre.
b. Monsieur Verdier est immobile, près de la cabane.
c. Monsieur Verdier arrive aux ruines.
d. La jeune fille s'approche de la cabane.
e. Monsieur Verdier entre dans la cabane.

2. **Cochez les bonnes phrases.**
a. Nina est sûre que monsieur Verdier va voir les hippies. ☐
b. Elle voit de la lumière dans la cabane. ☐
c. Elle voit monsieur Verdier parler avec Marie. ☐
d. Elle glisse et tombe. ☐
e. Elle se casse la cheville. ☐

3. **Complétez le texte avec :** *rassurée, médecin, peur, aider, calme, comment.*
Monsieur Verdier vient ...... Nina. Au début, elle a un peu ...... de lui, elle veut partir mais elle ne sait pas ...... faire. Elle apprend que monsieur Verdier est .... Il lui parle d'un ton ferme mais ...... et Nina est ......

4. **Reliez les personnages aux adjectifs qui correspondent à l'attitude de chacun d'eux.**

1. sportif(ve)
a. Nina
2. prudent(e)
3. désemparé(e)
b. Monsieur Verdier
4. calme
5. indécis(e)

5. **À votre avis...**
a. Qui est dans la cabane ?
b. Monsieur Verdier connaît cette personne ?

– Voilà notre voleur ! Il ne paraît pas dangereux !
dit monsieur Verdier.

Chapitre 6

Retour au village

Nina se retourne. Elle est en réalité à l'entrée de la cabane. Elle regarde à l'intérieur : assis contre le mur, au fond, il y a un jeune noir. Il a l'air terrifié. Par terre, elle voit la couverture rouge de Mamine, des abricots, un œuf…

– Cette nuit, je l'ai vu ouvrir la porte du jardin des voisins, explique monsieur Verdier. Quand il est parti, je l'ai suivi. Et toi, tu m'as suivi aussi, c'est ça ? Voilà notre voleur ! Il ne paraît pas dangereux !

– Mais qui est-ce ? Il vient d'où ?

– D'Afrique. Du Bénin. Il a fait un très long voyage et il est ici depuis quatre ou cinq jours. Il n'a pas de passeport, pas de visa. Rien ! Il est totalement perdu. Il parle français. Parle avec lui, toi. Tu es jeune, il aura moins peur.

– Tu parles français ? Je m'appelle Nina. Et toi ?

– Dilo.

– Tu as quel âge ?

– Quinze ans.

– Tu es venu seul ? Tu connais quelqu'un en France ?

– Non. Personne.

se retourner : regarder derrière soi.
terrifié : qui a très peur.

Il raconte son histoire : les années de sécheresse dans son pays, les guerres, pas de travail, pas d'argent, sa décision de partir... Sa famille a donné l'argent nécessaire. Destination : la France parce qu'il connaît la langue. Puis il parle des passeurs, de la traversée en bateau, de l'arrivée en Espagne et enfin du passage de la frontière.

– Ils sont partis avec mon sac et mon argent...

Maintenant, il est là, sans rien, caché dans cette cabane... La nuit, il est descendu trois fois au village pour trouver quelque chose à manger.

– Écoute. Ma mère est avocate à Lyon. Elle peut t'aider.

Elle explique au jeune garçon qu'il y a des lois qui protègent les mineurs étrangers comme lui.

– Dilo et moi, nous allons t'aider à descendre jusqu'au village, dit enfin monsieur Verdier. Tu m'aides, Dilo ?

Avec des branches d'arbres et la couverture de Mamine, ils font une civière.

Nina a un peu honte de se faire porter comme une princesse mais il n'y a pas d'autre solution.

---

la sécheresse : temps sec, sans précipitations, ce qui provoque l'aridité des sols.

un passeur : personne qui fait passer clandestinement la frontière à quelqu'un.

le passage : action, fait de passer (la frontière).

un(e) avocat(e) : sa profession est d'aider les gens à comprendre la loi et à se défendre devant un tribunal.

les lois : règles établies par la société qui indiquent ce qui est autorisé et ce qui est interdit.

un mineur : personne de moins de 18 ans. Attention, ici, dans ce cas, la loi protège les jeunes étrangers jusqu'à 21 ans.

une branche : partie d'un arbre qui porte les feuilles, les fleurs et les fruits.

une civière : sorte de lit, dispositif pour transporter les malades.

avoir honte : avoir le sentiment de son infériorité, de son indignité.

— Je lui ai dit des choses très dures ! raconte monsieur Verdier.

— J'espère qu'on va laisser les jeunes de là-haut tranquilles maintenant, murmure monsieur Verdier.

— Marie, c'est votre fille, n'est-ce pas ? demande Nina.

— Oui, répond monsieur Verdier. En février, elle est partie de la maison. Puis, après un silence, il explique : elle a connu un garçon et a décidé d'arrêter l'université. Je vis seul avec elle, sa mère est morte. Quand elle m'a parlé d'abandonner ses études, nous nous sommes disputés avec violence. Je lui ai dit des choses très dures ! Alors, elle est partie immédiatement, sans rien dire ! Je l'ai cherchée ; maintenant, je suis là, près d'elle, mais je me sens incapable de lui parler...

* * *

Ils descendent très lentement. Dilo aide de toutes ses forces et Nina le remercie d'un sourire. De temps en temps, ils s'arrêtent pour se reposer.

Ils approchent du village ; Dilo est soudain nerveux :

— J'ai volé des choses, dit-il. Je vais aller en prison ?

se disputer : avoir des opinions contraires et parler avec animosité, se fâcher.

– Tu ne connais pas ma grand-mère ! dit Nina. La couverture, c'est à elle. Elle ne va pas appeler la police, ne t'inquiète pas ! Et les fruits, le fromage... tu n'iras pas en prison pour ça !

Ils arrivent enfin au village. Il est presque six heures.

Ils s'installent dans la cuisine et monsieur Verdier prépare le petit-déjeuner : du café et du pain.

Soudain, on entend un pas dans l'escalier. Mamine a entendu du bruit et elle vient voir ce qui se passe. Elle n'est pas surprise. Elle dit seulement :

– Bonjour tout le monde ! Du pain et du café ! c'est tout ? Il faut manger, le matin ! Je vais faire une omelette et sortir du fromage et des confitures ! Oh ! ma couverture mais... ma chérie, qu'est-ce que tu as ? ajoute-t-elle quand elle voit la cheville de Nina. Il faut appeler le médecin !

– Je suis médecin, madame, explique monsieur Verdier. Ne vous inquiétez pas. Ce n'est pas grave ; avec du repos, tout ira bien.

* * *

Une heure plus tard, Nina et Dilo dorment tranquillement.

Dans la cuisine, monsieur Verdier et Mamine bavardent. Il lui parle de sa fille.

– Quand j'ai enfin su où elle était, j'ai fermé mon cabinet deux semaines et je suis venu pour parler avec elle. Mais je n'ose pas le faire. Est-ce qu'elle va me pardonner ?

---

une omelette : plat fait à base d'œufs battus puis cuits.
un cabinet (de médecin) : lieu où un médecin reçoit ses patients.
oser (faire quelque chose) : avoir l'audace de (faire quelque chose).

– Une journée magnifique s'annonce ! dit Mamine.

Mamine pose la main sur son bras :

– Je la connais un peu, Marie. De temps en temps, je monte les voir, là-haut. Ils sont vraiment gentils, et travailleurs ! La petite est moins triste qu'au début. Et Nicolas, son amoureux, est vraiment bien. Ils s'aiment beaucoup. Tout s'arrangera, vous verrez. Si vous ne voulez pas aller la voir maintenant, écrivez-lui. Je lui donnerai la lettre et je lui parlerai. Vous, rentrez à Paris. Je vous donnerai des nouvelles, je vous promets.

Monsieur Verdier sourit à Mamine.

– Maintenant, je vais appeler ma fille à Lyon, pour Dilo. Il a du courage, ce garçon... partir tout seul, comme ça ! Moi, je les admire, ces gosses !

Tout ira bien... pour Dilo et pour Marie. Mamine a confiance dans l'avenir.

Elle va ouvrir la porte et s'exclame :

– Une journée magnifique s'annonce ! Quel bonheur !

s'arranger : finir bien.
avoir du courage : avoir la force morale pour faire quelque chose de difficile ou dangereux.
un gosse (fam.) : enfant.

C O M P R E N D R E

1. Cochez la bonne réponse.

Qui se trouve dans la cabane ?

a. Les hippies. ☐

b. La fille de monsieur Verdier. ☐

c. Un adolescent émigré. ☐

2. Complétez le texte avec : *couverture, langue, cabane, aliments, misère, argent.*

Le jeune garçon a quitté son pays à cause de la ...... Il a choisi d'aller en France car il connaît la ...... Pendant son voyage, les passeurs lui ont volé tout son ...... Seul et perdu, il s'est caché dans la ...... et a volé la ...... et des ...... pour survivre.

3. Vrai ou faux ? V F

a. Nina redescend seule au village, avec de grandes difficultés. ☐ ☐

b. Après cette aventure, monsieur Verdier, très fatigué, va se coucher. ☐ ☐

c. Mamine est contrariée de voir un garçon inconnu dans sa cuisine. ☐ ☐

d. Elle prépare un bon petit-déjeuner pour tout le monde. ☐ ☐

e. La mère de Nina est avocate, elle pourra aider Dilo. ☐ ☐

f. Monsieur Verdier va aller voir Marie. ☐ ☐

g. Mamine va donner une lettre de monsieur Verdier à Marie. ☐ ☐

h. Mamine est optimiste, elle pense que tout va s'arranger. ☐ ☐

4. À votre avis, après cette aventure, Mamine va continuer à appeler monsieur Verdier le « vieux bougon » ?

Donnez votre opinion...

a. Que pensez-vous du caractère de Nina ? Vous la trouvez coura-geuse ? imprudente ?

b. Imaginez que vous vous trouvez dans la même situation, vous faites comme elle ? vous suivez quelqu'un dans la montagne, la nuit ?

c. Que pensez-vous de l'attitude de la voisine ? En quoi est-elle dif-férente de Mamine ?

Imaginez...

...la vie de ces trois personnages l'année suivante.

a. Dilo

b. Monsieur Verdier

c. Marie

Discutez...

a. Dans votre pays, est-ce qu'il existe des jeunes qui vivent comme les « hippies » de cette histoire ? Racontez.

b. Pensez-vous qu'il y a beaucoup de jeunes garçons de l'âge de Dilo qui partent tout seuls loin de leur pays ? Pensez-vous, comme Mamine, que ces jeunes sont courageux ?

Par groupe de deux...

Imaginez et jouez une conversation téléphonique dans laquelle Nina explique à sa mère le problème de Dilo.

page 3
5. le catalan
4. dans le sud-ouest de la France

page 11
1. a. vrai b. faux c. faux d. vrai e. faux
2. a. en train b. à Eus c. magnifique d. un seul client
3. originale - énergique - obstinée
4. des arbres fruitiers
5. a - c - e - f

page 18
1. a. vrai b. vrai c. faux d. vrai e. faux
2. a - d - f
3. a. un cri de sa grand-mère b. une couverture c. furieuse d. raconte
4. a - d
5. perturbé - sec - préoccupé

page 25
1. a - b - d
2. du miel - un panier - des olives
3. maigre - pâle - blonde
4. a. avec des amis b. parce qu'elle n'a pas mangé c. ne lui répond pas d. monsieur Verdier
5. b

page 32
1. « Après dîner, Nina est allée faire un tour près de la rivière. Quand elle rentre à la maison, elle voit monsieur Verdier **derrière la fenêtre de sa chambre.** »
2. c
3. a. 2 b. 3 c. 2
4. Qui vole un œuf vole un bœuf.

page 39
1. c - a - b - e - d
2. b - d
3. aider - peur - comment - médecin - calme - rassurée
4. a. 2 - 3 b. 1 - 4 - 5

page 46
1. c
2. misère - langue - argent - cabane - couverture - aliments
3. a. faux b. faux c. faux d. vrai e. vrai f. vrai g. vrai h. vrai

N° d'éditeur : 10212959 - Décembre 2011
Imprimé en France par Dupli-Print à Domont (95) - N° 2014121648